똑똑한 초등 과학 상어 2

똑똑한 초등 과학 상어 2

초판 인쇄 2024년 7월 07일
초판 발행 2024년 7월 15일

지은이 콘텐츠랩
펴낸이 진수진
펴낸곳 브레인나무

주소 경기도 고양시 일산서구 대산로 53
출판등록 2013년 5월 30일 제2013-000078호
전화 031-911-3416
팩스 031-911-3417

* 본 도서는 무단 복제 및 전재를 법으로 금합니다.
* 가격은 표지 뒷면에 표기되어 있습니다.

똑똑한 초등 과학 상어 2

지은이 **콘텐츠랩**

차례

행락상어	…………………………	6
개상어	…………………………	10
별상어	…………………………	14
까치상어	…………………………	18
무태상어	…………………………	22
흉상어	…………………………	26
검은꼬리상어	…………………………	30
뱀상어	…………………………	34
청새리상어	…………………………	38
펜두상어	…………………………	42
아구상어	…………………………	46
홍살귀상어	…………………………	50
귀상어	…………………………	54

제브라상어	58
레몬상어	62
비악상어	66
모래뱀상어	70
마귀상어	74
미흑점상어	78
황소상어	82
주름상어	86
뿔상어	90
투명상어	94
가래상어	98
스웰상어	102

행락상어

분류	사는곳	크기	먹이
동물계 > 척삭동물문 > 연골어강 > 까치상어과	한국, 일본, 대만을 비롯한 북태평양	몸길이 110~170센티미터	물고기, 오징어 등

개상어

분류	사는곳	크기	먹이
동물계 > 척삭동물문 > 연골어강 > 까치상어과	한국, 일본, 필리핀, 말레이시아, 싱가포르, 오스트레일리아 등	몸길이 100센티미터 안팎	물고기, 오징어 등

별상어

분류	사는곳	크기	먹이
동물계 > 척삭동물문 > 연골어강 > 까치상어과	한국, 일본, 중국, 대만, 베트남 등	몸길이 100센티미터 안팎	물고기, 오징어, 새우, 게, 조개 등

까치상어

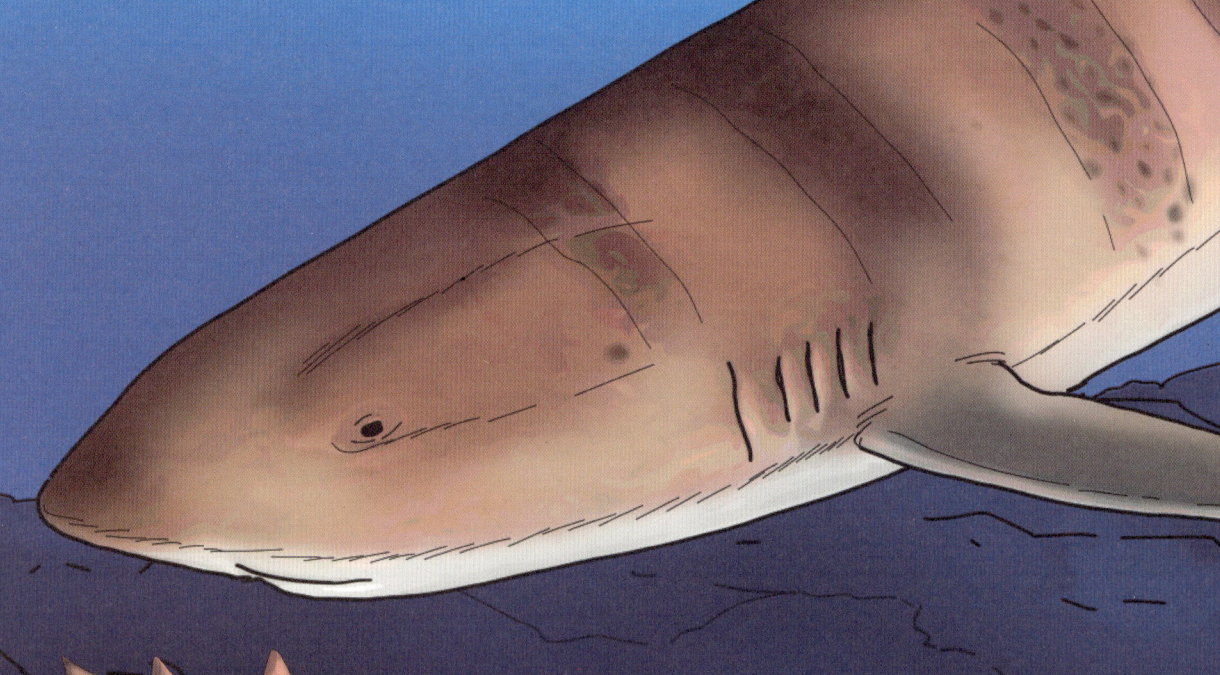

분류	사는곳	크기	먹이
동물계 > 척삭동물문 > 연골어강 > 까치상어과	한국, 일본, 대만, 중국, 필리핀 등	몸길이 100~150센티미터	물고기, 오징어, 새우, 게 등

무태상어

분류	사는곳	크기	먹이
동물계 > 척삭동물문 > 연골어강 > 흉상어과	태평양, 대서양, 인도양	몸길이 230~300센티미터	물고기, 오징어, 작은 상어 등

흉상어

분류	사는곳	크기	먹이
동물계 > 척삭동물문 > 연골어강 > 흉상어과	태평양, 대서양, 인도양	몸길이 250센티미터 안팎	물고기, 오징어, 새우, 게, 작은 상어 등

검은꼬리상어

분류	사는곳	크기	먹이
동물계 > 척삭동물문 > 연골어강 > 흉상어과	인도양을 비롯해 한국, 중국, 일본, 오스트레일리아 등	몸길이 110~150센티미터	물고기, 오징어, 문어, 새우, 게 등

뱀상어

분류	사는곳	크기	먹이
동물계 > 척삭동물문 > 연골어강 > 흉상어과	태평양, 대서양, 인도양	몸길이 500~600센티미터	물고기, 오징어, 새우, 게, 돌고래, 바다사자, 바다거북 등

청새리상어

분류	사는곳	크기	먹이
동물계 > 척삭동물문 > 연골어강 > 흉상어과	전 세계 온대와 열대 바다	몸길이 170~280센티미터	물고기, 오징어, 바다새, 게 등

펜두상어

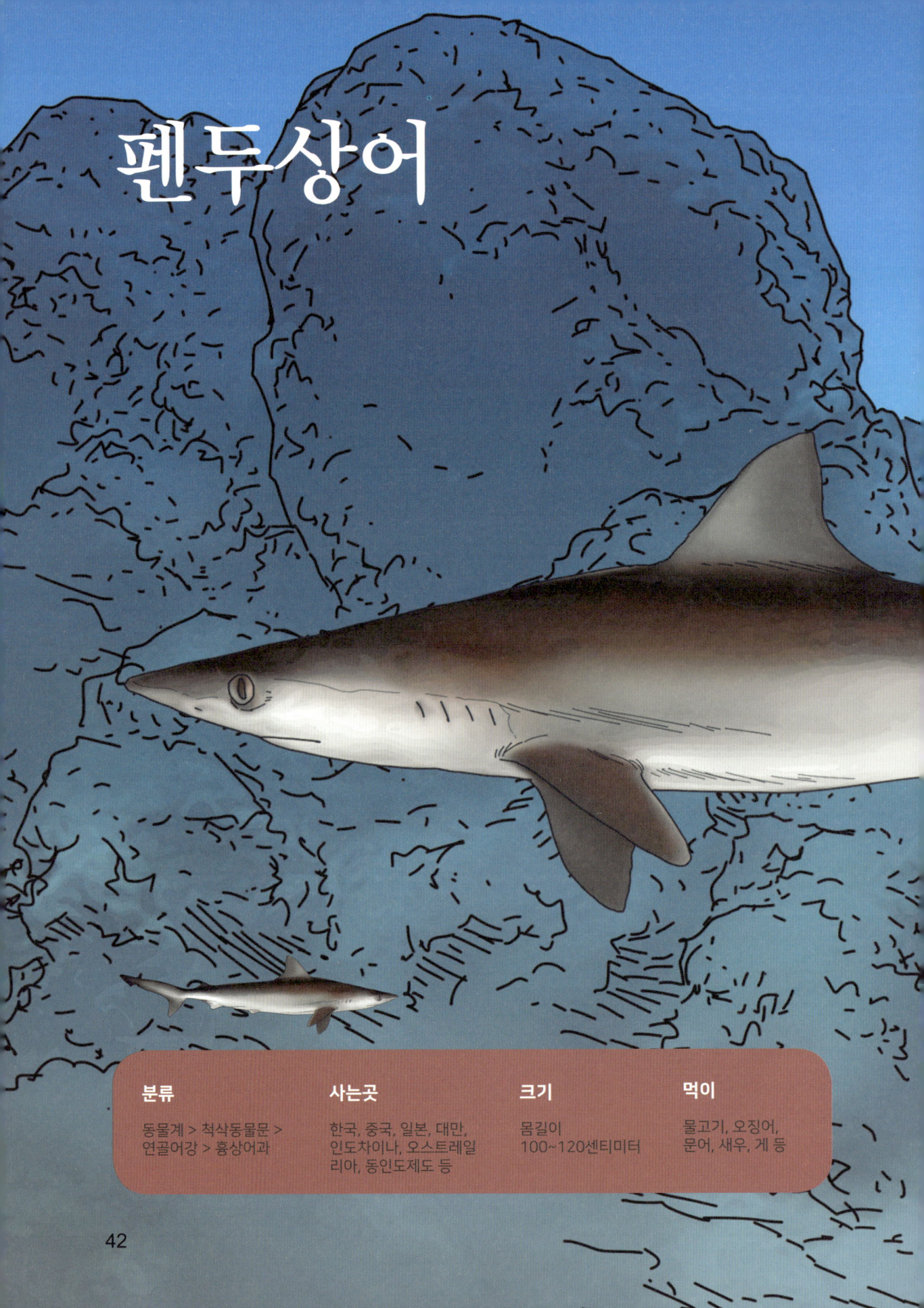

분류	사는곳	크기	먹이
동물계 > 척삭동물문 > 연골어강 > 흉상어과	한국, 중국, 일본, 대만, 인도차이나, 오스트레일리아, 동인도제도 등	몸길이 100~120센티미터	물고기, 오징어, 문어, 새우, 게 등

아구상어

분류	사는곳	크기	먹이
동물계 > 척삭동물문 > 연골어강 > 흉상어과	한국, 일본, 대만, 인도차이나 해역 및 남태평양	몸길이 200센티미터 안팎	물고기, 오징어, 문어, 새우, 게 등

홍살귀상어

분류	사는곳	크기	먹이
동물계 > 척삭동물문 > 연골어강 > 귀상어과	태평양, 대서양, 인도양	몸길이 300센티미터 안팎	물고기, 오징어, 새우, 게 등

귀상어

분류	사는곳	크기	먹이
동물계 > 척삭동물문 > 연골어강 > 귀상어과	전 세계의 따뜻한 바다	몸길이 250~400센티미터	물고기, 오징어, 새우, 게, 해양 동물의 사체 등

제브라상어

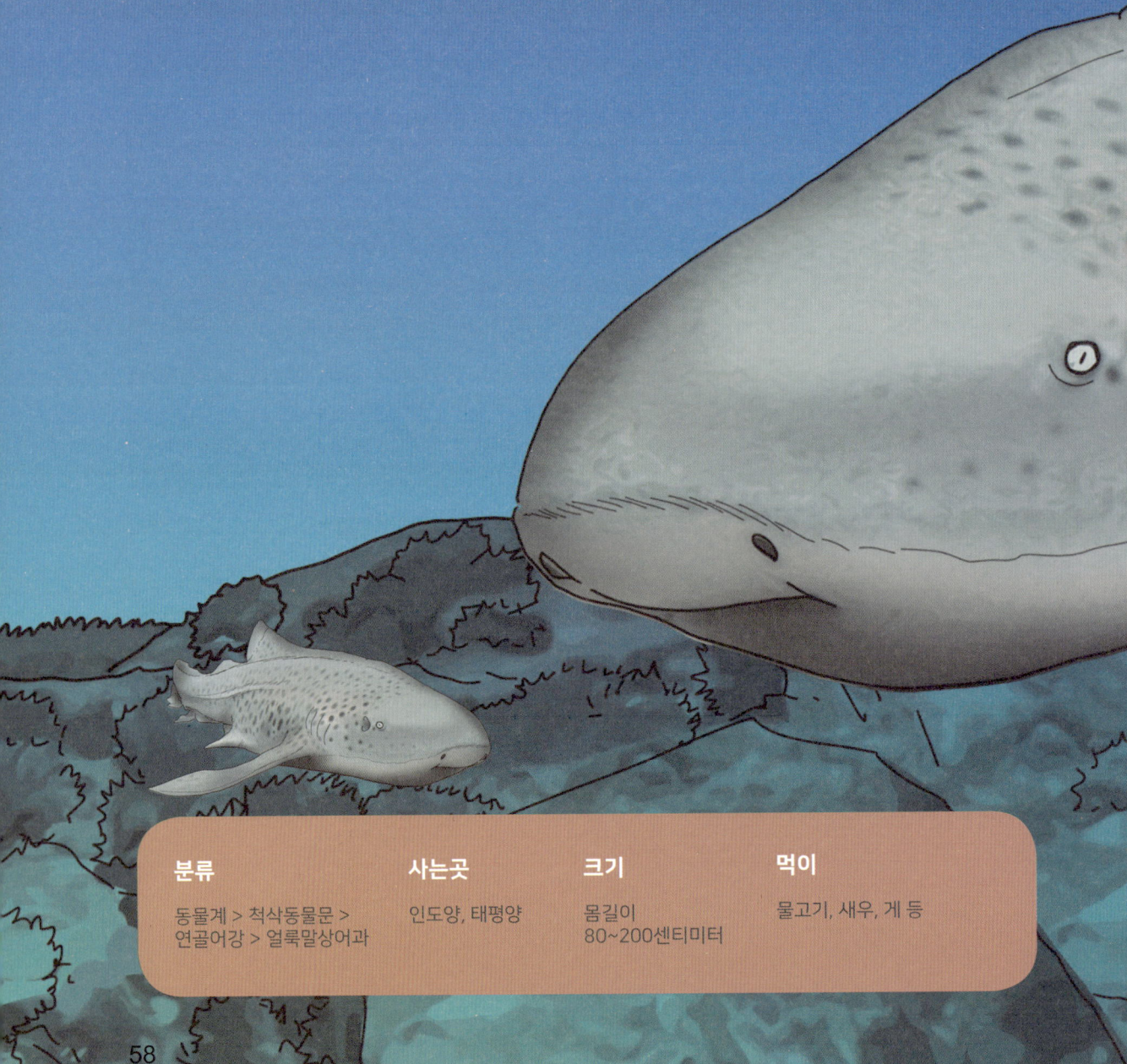

분류	사는곳	크기	먹이
동물계 > 척삭동물문 > 연골어강 > 얼룩말상어과	인도양, 태평양	몸길이 80~200센티미터	물고기, 새우, 게 등

레몬상어

분류	사는곳	크기	먹이
동물계 > 척삭동물문 > 연골어강 > 흉상어과	아메리카 대륙 연안, 아프리카의 대서양 쪽 연안, 태평양	몸길이 140~210센티미터	물고기, 오징어, 새우, 게 등

비악상어

분류	사는곳	크기	먹이
동물계 > 척삭동물문 > 연골어강 > 악상어과	대서양, 태평양, 인도양	몸길이 300센티미터 안팎	물고기, 오징어 등

모래뱀상어

분류	사는곳	크기	먹이
동물계 > 척삭동물문 > 연골어강 > 치사상어과	태평양, 인도양, 대서양	몸길이 200~350센티미터	물고기, 오징어, 문어 등

마귀상어

분류
동물계 > 척삭동물문 > 연골어강 > 마귀상어과

사는곳
태평양, 대서양, 인도양

크기
몸길이 200~500센티미터

먹이
물고기, 오징어, 꼴뚜기, 문어, 새우, 게, 조개 등

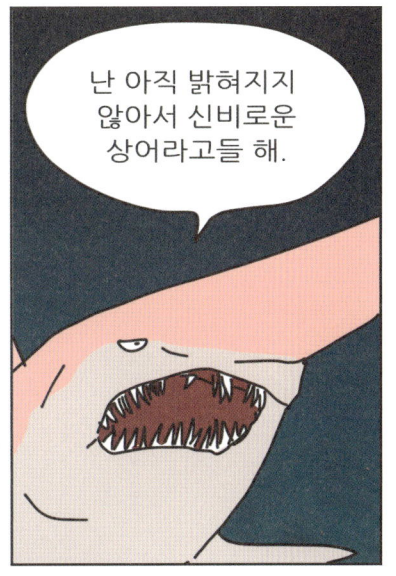

미흑점상어

분류	사는곳	크기	먹이
동물계 > 척삭동물문 > 연골어강 > 흉상어과	태평양, 대서양, 인도양	몸길이 200~330센티미터	물고기, 오징어, 문어, 새우, 게, 조개 등

황소상어

분류	사는곳	크기	먹이
동물계 > 척삭동물문 > 연골어강 > 흉상어과	남태평양, 인도양, 대서양	몸길이 240~330센티미터	물고기, 오징어, 게, 바다거북, 바다새, 돌고래, 작은 상어 등

주름상어

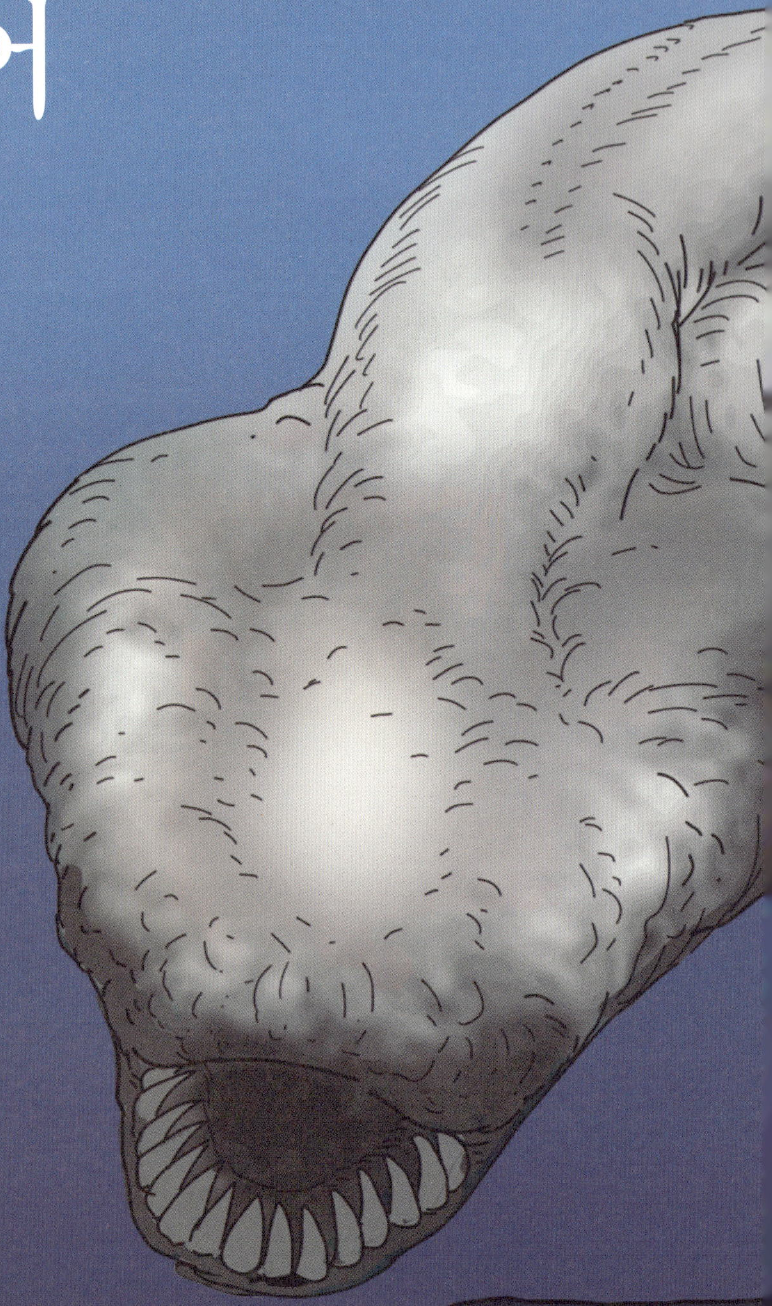

분류	사는곳	크기	먹이
동물계 > 척삭동물문 > 연골어강 > 주름상어과	일본, 중국, 오스트레일리아, 뉴질랜드, 스페인, 포르투갈, 미국, 칠레 등	몸길이 200센티미터 안팎	물고기, 오징어, 낙지, 문어, 게, 조개 등

뿔상어

분류	사는곳	크기	먹이
동물계 > 척삭동물문 > 연골어강 > 돔발상어과	한국, 일본, 중국 등	몸길이 50센티미터 안팎	물고기, 해삼, 게, 성게, 조개 등

투명상어

분류	사는곳	크기	먹이
동물계 > 척삭동물문 > 연골어강 > 가시줄상어과	태평양	몸길이 50센티미터 안팎	물고기, 오징어 등

응. 피부의 특수한 조직이 태양광을 흡수했다가 빛을 왜곡시키는 방식으로, 천적이 바라보는 방향에 따라 잠시 몸을 보이지 않게 할 뿐이야.

천적이 아래쪽에서 나를 바라볼 때 마치 투명망토를 입은 것 같은 착시효과를 일으키는 거지.

신기해. 어떻게 그런 능력이 생겼어?

중생대 백악기부터 심해에서 살아온 습성이 진화한 것으로 알려져 있어.

가래상어

분류	사는곳	크기	먹이
동물계 > 척삭동물문 > 연골어강 > 가래상어과	한국, 일본, 중국, 오스트레일리아 등	몸길이 50~100센티미터	물고기, 조개, 새우, 게 등

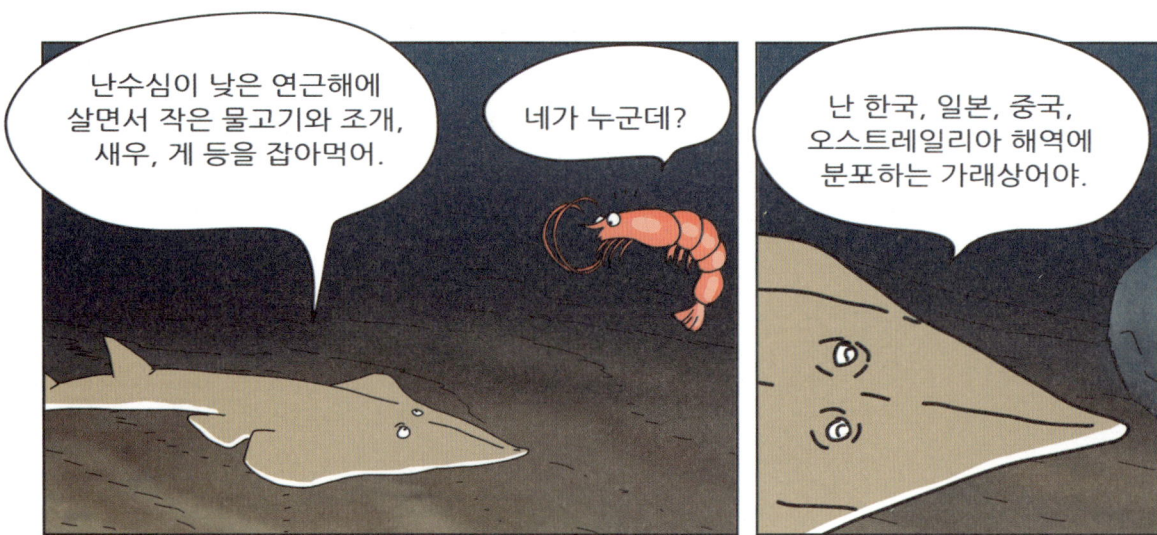

스웰상어

분류	사는곳	크기	먹이
동물계 > 척삭동물문 > 연골어강 > 두톱상어과	미국 캘리포니아부터 멕시코 남부 해역	몸길이 80~110센티미터	물고기, 새우, 게, 조개 등